MEINE SCHÖNSTEN Weihnachts Geschichten

Zauberhafte Geschichten für Kinder zum Vorlesen und Lesen im Advent oder an Weihnachten

Elisa Mainfeldt

Deutschsprachige Erstausgabe 2023

1. Auflage
Elisa Mainfeldt

ISBN: 978-3-910277-25-0

GLÜCKSKIND VERLAG

Inhalt

Dieses Buch gehört dem
wundervollen Kind

Vorwort

Nun ist es bald soweit: Jeden Tag öffnest du ein Türchen an deinem Kalender. Was ist denn darin? Ein kleines Spielzeug oder Schokolade?
Ganz sicher ist jeder Tag eine große Überraschung.

Bald ist dann auch er da: Der 24. Dezember. Der Tag, an dem wir Heiligabend feiern.
Es ist ein Fest der bunten Lichter. Der Weihnachtsbaum ist geschmückt und in der Küche riecht es wunderbar. Kekse werden gebacken. Ein tolles Essen wird verputzt. So viel Vorfreude liegt nur selten in der Luft.

Wie ist das bei dir? Schaust du auch immer wieder aufgeregt aus dem Fenster?

Vielleicht siehst du ihn, den Weihnachtsmann? Schnell huscht er mit seinem Schlitten vorbei. Doch es kann auch sein, dass er dir gar nicht auffällt. Er trägt immer jede Menge Magie mit sich.
Seine Rentiere unterstützen ihn dabei. Aber auch seine Wichtel haben ihm jeden Tag geholfen. Nun kann es endlich losgehen. Dennoch: Es bleiben viele Fragen zurück. Was ist denn, wenn du nicht alle Geschenke bekommst? Wird noch Schnee fallen und vielleicht fragst du dich auch, wie die Arbeit in der Wichtelwerkstatt aussieht?
Es gibt so viele Dinge, die nach einer Antwort suchen. Es sind aufregende Momente, voller bunter Farben und Zauberei.
Genauso, wie die liebevollen und weihnachtlichen Geschichten in diesem Buch. Sie entführen dich in eine Welt, die du so noch nie gesehen hast.
Du wirst den Weihnachtsmann sehen, aber

auch viele Wichtel und natürlich Kinder, die so sind wie du. Sieh zu, wie sie einen Schneemann bauen oder sich einfach nur auf den Schnee freuen.

Jede Geschichte bringt ein Stück Winter- und Weihnachtswunder mit sich. Du kannst es ganz persönlich für dich entdecken und immer wieder erleben. Verkürze dir die Zeit des Wartens und finde sie immer wieder.

Frohe Weihnachten!

Die Geschenke

Tim rannte im Park hin und her. Er konnte es kaum noch erwarten. Mama hatte ihn plötzlich nach draußen geschickt. Der Weihnachtsmann sollte wohl kommen. Deshalb sollte er raus und ihn nicht stören.

Zum Glück war Oma da. Sie ging mit ihm ein Stück. Doch für Tim gab es nur einen Gedanken: Die Geschenke!

»Oma, was meinst du, wie viele ich bekommen werde?«

Der Schnee knirschte unter ihren Schuhen. Oma lächelte. Ihre Wangen waren von der Kälte ganz rot.

»Das weiß doch nur der Weihnachtsmann. Hast du dir viel gewünscht?«

Tim überlegte. So richtig erinnern konnte er sich gar nicht mehr. Sein Wunschzettel war lang. Ein großes Spielzeugauto, ein Malbuch, Lego, neue Hosen, ein Bagger. Aber da war noch mehr.

Der aufgeregte Junge zählte alles auf. Oma hörte gespannt zu.

»Das ist aber viel«, stellte sie fest und rückte die Mütze auf dem Kopf zurecht. Nun fing es auch noch an zu schneien.

»Ach, meinst du? Mir wäre noch viel mehr eingefallen. Der Weihnachtsmann erfüllt doch alle Wünsche.«

Oma legte den Kopf schräg. Sie lächelte. Aber da war noch etwas anderes zu erkennen.

»Da hast du recht, Schatz. Aber es gibt auch noch andere Kinder. Er besucht die Kinder auf der ganzen Welt.«

Tim winkte ab.

»Ach, der Weihnachtsmann schafft das schon. Er ist nicht allen. Er hat seine Wichtel und Rentiere. Ich weiß, dass sie das ganze Jahr über Spielzeug bauen. Stimmt doch, oder Oma?«

Die Ältere nickte. Eine Schneeflocke berührte ihre Nase, blieb dort aber nicht lange.

»Aber weißt du was: Es ist gar nicht so wichtig, *wie viele* Geschenke er bringt.

Wichtig ist, die Zeit mit der Familie. Und denke daran, auch kleine Freuden können glücklich machen. Weihnachten ist das Fest der Liebe. Das zählt. Oder nicht?«

Tim zwinkerte und schaute seine Oma verwundert an. Warum redete sie heute so seltsam? Das sagte er aber lieber nicht. Denn irgendwie musste er doch darüber nachdenken.

Oma hatte irgendwie recht. Sein bester Freund konnte nur mit Mama feiern. Sein Papa arbeitete ganz weit weg in einem anderen Land. Tim hatte doch großes Glück.

»Komm, wir gehen zurück. Bestimmt war der Weihnachtsmann schon da.«

Auf dem Rückweg redeten die beiden nicht viel. Tim musste noch immer über Omas Worte nachdenken.

Geschenke waren gar nicht so wichtig …

warum ging ihm das nicht mehr aus dem Kopf? Aber Oma hatte recht. Letztes Jahr war Tim traurig gewesen. Er hatte ein paar Geschenke nicht bekommen. Aber am Ende waren die anderen auch schön. Also vergaß er die Wünsche einfach. Dafür hatte er einen tollen Abend mit Mama und Papa.

Langsam verstand Tim, was Oma eigentlich sagen wollte.

Kaum betraten die beiden das Grundstück, ging auch schon die Tür auf. Mama und Papa winkten sie beide herein.

»Kommt schnell, der Weihnachtsmann war da.«

Nun konnte Tim strahlen. Wenig oder nicht: Er freute sich auf seine Überraschungen.

Schnell zog er sich die Schuhe aus, rannte hinein und drehte sich um. Oma war noch nicht im Haus angekommen. Auf sie musste er warten. Oma war wichtig.

Dann ging es endlich los.

Mama öffnete die Tür des Wohnzimmers. Es funkelte und glitzerte. Der Weihnachtsbaum leuchtete in den schönsten Farben. Schon jetzt war es für Tim der schönste Abend des ganzen Jahres.

Dann sah er sie auch schon: Die Geschenke. Tim schaute Mama an, die Richtung Baum ging.

Sie bückte sich und suchte langsam die Geschenke heraus.

Jeder bekam etwas. Auch Papa und Oma wurden vom Weihnachtsmann nicht vergessen. Selbst für Lexi, der kleinen Katze, lag etwas unter dem Baum.

Tim wartete geduldig. Ein Geschenk nach dem anderen verschwand unter dem Baum. Dann waren keine mehr da.

»So, alles verteilt«, sagte Oma, während die Weihnachtsmusik den Raum erfüllte. Es war ein toller Moment.

Mit leuchtenden Augen ging Tim auf seine Geschenke zu. Es waren drei bunte Päckchen.

Dann passierte es auch schon. Der kleine Junge dachte nicht über die Menge nach. Er war einfach nur glücklich.

Vorsichtig löste er die Schleife. Das Band fiel zu Boden. Es glitzerte im Licht der Kerzen.

Ein tolles Gefühl bereitete sich in ihm aus.

Oma hatte recht. Es kam doch nicht auf die Menge an. Tim hatte drei tolle Geschenke bekommen. Er wusste noch nicht, was drin war. Aber er wusste, dass es wundervoll sein würde.

Oma zwinkerte ihm zu. Diesen Weihnachtsabend würde Tim nie mehr vergessen.

Das magische Buch

Mit einem Raunen streckte er die Beine aus. Eine kleine Pause würde ihm guttun. Alles lief nach Plan.

Seine Wichtel waren fleißig. Alle Geschenke würden rechtzeitig fertig werden.

Der Weihnachtsmann faltete die Hände auf dem Bauch. Er drehte den Kopf Richtung Werkstatt. Überall herrschte ein buntes Treiben. Gerade, als er sich wieder umdrehen wollte, stockte der große Mann. Ein kleiner Wichtel saß traurig in einer Ecke. Das war seltsam. Normalerweise taten sie das nicht. Der Weihnachtsmann behandelte seine Wichtel gut. Für sie gab es nichts Schöneres als das Basteln des Spielzeugs.

»Fips, komm doch mal her«, sagte er und winkte dem Wichtel zu. Dieser verstand sofort. Schnell stand er auf und ging auf den Weihnachtsmann zu.

»Du hast mich gerufen?«, fragte er, sah dabei aber nicht glücklich aus. Dennoch versuchte er, es zu verstecken.

»Was ist denn heute los? Du siehst so traurig aus.«

Kaum hatte der Weihnachtsmann das gesagt, schüttelte er den Kopf. Niemals würde ein Wichtel das zugeben. Es war einfach nicht ihre Art.

»Nein, mir geht es gut.«

Natürlich glaubte der Weihnachtsmann das nicht.

»Bist du sicher?«

Fips atmete tief ein, sagte nichts.

Der Weihnachtsmann überlegte. Er wusste genau, dass Fips noch nicht lange bei den Weihnachtswichteln war. Er konnte sich gut vorstellen, was seine Sorgen waren.

»Du hast Angst, dass du es nicht schaffst. Richtig?«

Der kleine Wichtel schaute auf. Seine Augen sagten alles. Er war mehr als verwundert, dass der Weihnachtsmann die Antwort kannte.

»Ich habe eine Idee.«

Schnell drehte der große Mann sich um und holte ein großes Buch hervor. Der Wichtel hatte es noch nie gesehen. Es sah wunderschön aus, mit goldenen Seiten und einen roten Einband. Es wurde von einer Klemme verschlossen.

Neugierig kam Fips näher heran. So etwas Schönes hatte er wirklich noch nie gesehen.

»Was ist das für ein Buch?«, fragte er und konnte nicht wegsehen.

»Das wirst du gleich herausfinden. Wollen wir hineinschauen?«

Natürlich wollte er das. Fips nickte eifrig und konnte es kaum erwarten. Vorsichtig öffnete der Weihnachtsmann die Schnalle und schlug das Buch in der Mitte auf. Es dauerte nur einen Augenblick. Dann sah der kleine Wichtel es. Er war in der Werkstatt. Mit roten Wangen, aber glücklich. Er baute gerade an einem Boot. Seltsamerweise tat er das wirklich gerade. Es war ein Geschenk für den kleinen Tom. Jeder Griff saß. Alles passte zusammen. Er fühlte sich gut. Voller Glück und Zuversicht. Das Boot war fertig und schon nahm er den nächsten Wunschzettel. Er machte sich an die Arbeit. Ängste gab es keine mehr.

Das Buch glitzerte und ein sanftes Licht ging von ihm aus. Es war magisch.

Fips sagte nichts mehr. Er schaute einfach nur mit offenem Mund in das Buch. Ein Geschenk nach dem anderen wurde fertig. Alles war ganz leicht.

»Das bin ich…«, schaffte Fips es dann doch.

»Ganz richtig. Das bist du. Und du machst das sehr gut.«

Mit einem Lächeln schlug der Weihnachtsmann das Buch ganz langsam wieder zu. Das Bild erlosch. Die kleine magische

Geschichte war zu Ende. Seine Wirkung hatte sie aber nicht verfehlt.

»Du bist ein fleißiger Wichtel. Mache dir bitte keine Sorgen. Du schaffst deine Aufgaben, ganz bestimmt. Das Buch hat es dir gerade gezeigt. Du darfst nicht an dir zweifeln.«

Der Weihnachtsmann lächelte und entließ den fleißigen Helfer wieder, damit dieser sich selbst überzeugen konnte.

»Danke«, sagte Fips und rannte, so schnell ihn die kleinen Beine tragen konnten. Alles, was er noch vor ein paar Augenblicken verloren glaubte, war nun wieder da. Er spürte es ganz fest in sich. Viele Kinder warteten auf ihr Geschenk. Seine Aufgabe war nun wieder ganz klar und deutlich.

Der Mann mit dem roten Mantel legte das Buch vorsichtig zurück. Dann streckte er wieder die Beine aus. Zufrieden mit sich und dem, was er gerade getan hatte.

Sein magisches Buch hatte schon oft geholfen. Jedem Hilfesuchenden zeigte es eine andere Geschichte. Das Gute daran: Es log nie. Das Buch zeigte immer die Wahrheit. Jedem, der es öffnete und Hilfe suchte.

Es stützte und schenkte Mut, auch wenn es diesen nicht zu geben schien.

Es war einfach magisch. Ein großes Geschenk der Weihnachtszeit. Für alle Wichtel, die ein wenig Mut und Hilfe während ihrer ersten Jahre in der Werkstatt brauchten.

Es war voller Zauber. So wie die Weihnachtszeit selbst. Jedes Jahr aufs Neue.

Glück in der Winterzeit

Lina, Andreas und Gustav waren die besten Freunde. Sie waren nicht nur Nachbarn. Sie gingen auch zusammen in den Kindergarten. Aber nicht mehr lange.

Wenn der Winter vorbei war und der Sommer kam, rief die Schule.

Doch darüber dachten die drei heute nicht nach. Schon eine Weile saßen sie ganz dicht vor dem großen Fenster. Ihre Nasen waren schon plattgedrückt und ganz rot.

»Mama, wann können wir endlich raus?« Lina war ungeduldig. Der Schnee fiel und sie alle hatten einen Plan. Endlich einen Schneemann bauen. Darauf freuten sie sich schon seit Beginn der Winterzeit.

Mama kam gerade aus dem Keller. Sie hatte die Winterschuhe gesucht.

»Ja, jetzt könnt ihr raus. Zieht euch warm an.«

Das hörten die Kinder schon gar nicht mehr. Aber sie wussten es.

Schal und Mütze lagen schon für jeden bereit. Jetzt konnte es losgehen. So wie es aussah, würde der Schnee auch eine Weile liegen bleiben.

»Wo wollen wir ihn bauen?«, fragte Andreas und rutschte in die Stiefel.

»Gleich vor dem Haus. Da sieht ihn jeder«, sagte Lina schnell und war sich ganz sicher.

Die anderen nickten. Die Entscheidung war getroffen.

Schnell rannten sie nach draußen und machten sich sofort an die Arbeit.

Die Aufgaben waren verteilt. Lina machte den Kopf und die Jungs die anderen beiden großen Kugeln.

Die Schneekugeln machten sich wunderbar. Sie rollten und rollten. Schon nach kurzer Zeit war die kleinste Kugel fertig.

»Schaut mal. Gut so?«, fragte das Mädchen.

Andreas und Gustav nickten voller Freude. Dann rannte Lina los. Sie brauchte unbedingt noch Nase und Augen. Schnell war eine Möhre geholt und zwei Steine gefunden. Vorsichtig drückte Lina sie in den Schnee. Toll! Sie war begeistert.

Die Jungs hatten nun auch schon den Bauch fertig. Er war natürlich bedeutend größer als der Kopf und war genau richtig. »Super, sieht toll aus«, lobte Lina.

Nun machten sie sich noch gemeinsam an die größte Kugel. Das brauchte einfach die Kraft dreier Freunde. Gemeinsam schoben sie den Schnee vor sich her. Noch ein Stück und noch ein Stück. Dann war auch diese fertig. Der Vergleich zeigte, dass sie deutlich größer war, als die anderen.

»Sehr gut. Geschafft!«

Gustav klatschte in die Hände und war so begeistert, dass er Luftsprünge machte.

»Nun stellen wir sie aufeinander.«

Das taten sie auch. Eine Kugel fand die andere und nach ein paar Augenblicken stand der Schneemann. Er hatte schon

Nase und Augen. Doch fertig war er noch lange nicht!

»Arme und Hut fehlen noch. Und ein Schal!«, sagte Lina und rannte wieder in das Haus. Dieses Mal dauerte es etwas länger. Aber sie kam nach kurzer Zeit mit einem Schal und einem roten Hut zurück.

Gustav hatte inzwischen zwei große Zweige gefunden. Schnell steckten auch diese am richtigen Platz.

»Kann ich den Hut aufsetzen?«, fragte Gustav mit leuchtenden Augen.

Andreas schlang den Schal um den Schneemann.

»Klar kannst du«, sagte er.

Lina rannte schon wieder los. Sie holte einen kleinen, grünen Hocker. Vorsichtig stellte sie ihn in den Schnee. Gustav war der kleinste. Der Freund stieg darauf und setzte den Hut mit großer Vorsicht auf.

Er hüpfte vom Hocker und gemeinsam gingen die Freunde ein paar Schritte zurück.

»Toll sieht er aus«, freute Lina sich.

Die Jungs nickten. Sie konnten der Freundin nur recht geben. Es war ein schöner Schneemann geworden. Sie alle hatten mitgeholfen.

Andreas blinzelte und schaute in den Himmel.

»Es schneit noch immer. Genau das richtige Wetter für den Schneemann.«

Das stimmte. Es sollte auch die nächsten Tage kalt bleiben. So würde er lange hier stehen können.

»Das haben wir richtig gut gemacht«, sagte Lina.

Keiner der Kinder sagte es. Aber für sie alle hatte dieser Moment etwas ganz Besonderes. Fast schon etwas Einzigartiges.

Sie hatten nicht nur gemeinsam einen Schneemann gebaut. Es war pures Glück, was sie in diesem Moment spürten. So fühlte sich Freude in der Winterzeit an.

Es waren schon die kleinen Dinge, die für ein Lächeln sorgten. Immer wieder, jeden Tag. Gestern war es der Schnee, heute der Schneemann und morgen? Sie wussten es nicht. Aber herausfinden würden sie es in jedem Fall.

Die drei Freunde waren gespannt. Doch jetzt freuten sie sich über das, was sie zusammen geschafft hatten.

Gemeinsam standen sie noch eine Weile im Garten und betrachteten gemeinsam den freundlichen Mann mit der Möhrennase. Was für ein glückliches Gefühl.

Limal, unser Freund

Bald war Weihnachten. Es dauerte nur noch ein paar Tage.

Die Kinder des Dorfes waren schon mächtig aufgeregt. Kein Wunder: Wer freute sich nicht über bunte Lichter und Geschenke?

Doch heute hatten die fünf Kinder etwas Besonderes vor. Wie jedes Jahr gingen sie von Haus zu Haus. Dort klingelten sie und sangen ein Weihnachtslied.

Sie verlangten nichts dafür. Sie machten es einfach so zum Spaß.

Dieses Jahr jedoch waren sie nicht mehr zu viert. Sie hatten einen neuen Freund. Limal ging seit Anfang des Schuljahres auch in die erste Klasse. Zuvor hatte er in einem anderen Land gelebt. Die Kinder merkten es nur an der anderen Hautfarbe.

Das war ihnen aber egal. Sie mochten ihn. Er hatte immer tolle Ideen und war ein guter Freund.

So ging es los. Die Jacken waren zugeknöpft und die Weihnachtsmützen aufgesetzt. Gemeinsam stapften die Freunde durch den Schnee. Passend dazu fielen auch dicke Flocken vom Himmel. Es war kalt, aber das störte die Kinder nicht. So musste es sein. Ohne Schnee wäre es nicht so schön gewesen.

»Wo gehen wir zuerst hin?«, fragte Limal. Er kannte den Weg natürlich noch nicht. Es lief jedes Jahr gleich ab.

Sie fingen bei Familie Meier an und gingen dann weiter. Herr und Frau Meier waren toll. Sie waren schon älter und freuten sich immer. Manchmal bekamen sie sogar ein paar Kekse. Die schmeckten richtig lecker.

»Wir müssen dorthin«, sagte Sven und streckte die Hand aus. Er zeigte auf ein kleines, weißes Haus. Am Eingang stand ein großer Plastik-Schneemann, der leuchtete. Der gefiel Limal richtig gut.

»Der ist schön«, sagte er und wünschte sich auch, so einen zu haben. Aber in der Wohnung war dafür kein Platz. Der Junge dachte nicht mehr weiter darüber nach. Schnell folgte er seinen Freunden.

Sie öffneten das kleine Tor und liefen Richtung Tür. Im Haus war Licht zu sehen. Sie waren also da.

Ohne lange zu überlegen, klingelte Sven und trat einen Schritt zurück. Die anderen Kinder taten es auch. Mit einem Mal stand Limal ganz vorne.

Die Kinder hörten Schritte. Die Tür ging auf. Wie zu erwarten, standen Herr und Frau Meier in der Tür. Frau Meier trug graue Locken und eine bunte Schürze. Der Keksgeruch hing schon in der Luft.

»Da seid ihr ja. Wir haben schon auf euch gewartet«.

Frau Meier freute sich und auch ihr Mann lächelte.

»Was singt ihr uns denn heute vor?«

Die Kinder schauten sich an. Sven würde

den Einsatz geben und dann ging es los. Heute stand »Kling Glöckchen«, auf dem Programm der kleinen Sänger.

Limal jedoch schien von dieser Absprache nichts zu wissen. Er hatte fleißig den Text gelernt und sang los.

Was dann geschah, hatte es noch nie gegeben. Niemand der Freunde hatte Limal je singen gehört. Nun fragten sie sich alle, warum? Der kleine Junge sang wundervoll. Seine Stimme war hell und klar. Jedes Wort war deutlich zu hören. Er schloss die Augen und ließ sich von nichts stören. Er schien nicht einmal zu merken, dass er allein sang. Eine Zeile nach der anderen erfüllte den Abendhimmel. Dann war die erste Strophe zu Ende.

Erst jetzt öffnete Limal die Augen und schaute sich um. Es herrschte Schweigen. Die Augen seiner Freunde funkelten.

Doch nicht nur diese. Selbst Frau Meier wischte sich eine Träne fort. Sie versteckte es nicht. So war sie nun einmal.

Herr Meier klatschte voller Freude in die Hände.

»Das war wirklich wunderbar. Eine ganz große Überraschung. Da habt ihr euch etwas Tolles einfallen lassen. Wie heißt du denn, mein Junge?«, fragte der ältere Mann.

»Ich heiße Lima!«, sagte er sofort und strahlte.

Frau Meier kam mit einer großen Tüte Kekse zurück.

»Die habt ihr euch mehr als verdient. Danke für das schöne Lied. Es war wirklich wunderbar. Aber nicht alle gleich aufessen.«

Sie hob einen Zeigefinger und lachte. Dann schlossen die beiden die Tür und die Kinder waren allein.

»Warum hast du uns nie gesagt, dass du so gut singen kannst?«, fragte Sven sofort.

Doch Limal zuckte nur mit den Schultern. Für ihn schien es gar nicht so wichtig zu sein.

Dennoch war dieser Moment für sie alle etwas ganz Besonderes. Sie hatten den Zauber der Weihnacht gespürt. Genau in dem Augenblick, als Limal anfing, zu singen. Auch wenn er es nicht so sah, fühlten sie alle es.

Und sie merkten: Je mehr Zeit verging, desto stärker spürte es auch Limal. Er war endlich angekommen. Er hatte ein tolles, neues Zuhause gefunden. Aber auch viele neue Freunde. Das war sein ganz persönliches und wichtigstes Weihnachtsgeschenk.

Jeder hat seine Magie

Nils liebte seine Aufgaben in der Werkstatt des Weihnachtsmannes. Viele Jahre war er nun schon dort. Einst waren es seine Eltern, nun er selbst. Es war toll.

Er liebte es, wenn ein Spielzeug fertig wurde. Noch mehr freute er sich aber, wenn die Kinder glücklich waren. Dafür gab er sich besonders große Mühe. Jeden Tag, immer wieder.

Nils ging mit einem Lächeln jeden Morgen in die Werkstatt.

Eines gab er aber auch gerne zu. Er freute sich auch, wenn er seine Auszeit nehmen konnte. Das taten alle Wichtel. Der Weihnachtsmann bestand sogar darauf. Nur mit ausreichend Schlaf konnten sie auch tolle Spielzeuge herstellen.

Bei Nils war es aber ein wenig anders. Er konnte nicht gleich nach Hause gehen. Am Anfang war er noch viel durch den Wald gelaufen. Der hohe Schnee störte ihn nicht. Auch wenn Flocken seine Nase kitzelten. Dennoch dauerte es immer lange, bis er Ruhe finden konnte. Er hatte lange danach gesucht. Eine Zeit lang war er sogar traurig. Warum hatte er ihn nicht? War er der einzige Wichtel, der ihn nicht fand? Jeder hatte diesen einen magischen Moment. Die anderen Wichtel erzählten oft davon. Es war der Augenblick, in dem auch ein Wichtel sich verlieren konnte. Einfach alles vergessen und nur für sich sein. Das war für einen Wichtel gar nicht so leicht. Doch sie alle brauchten genau das nach einem Tag in der Werkstatt.

Seit gestern war es aber anders. Nils holte seine kleine Tasche hervor. Sie war verschwindend klein. Aber natürlich war es keine normale Tasche. Hier passte so viel rein. Kaum ließ er die Werkstatt hinter sich, steckte Nils die kleine Hand hinein. Dann zog er es heraus. Ein Buch!

Er hatte es gestern bei seinem Opa

entdeckt. Er las oft daraus vor. Abends, am Feuer des Kamins. Nils fühlte sich in solchen Momenten richtig wohl. So wollte er es auch einmal versuchen. Kaum schlug er das Buch auf, spürte er es schon. Magie, Ruhe und ein sanftes Davontragen.

Das war gestern gewesen. Lange konnte er den Augenblick nicht genießen. Es wurde dunkel. Heute war Nils jedoch vorbereitet. Er trug eine kleine Laterne bei sich. Natürlich war auch diese sicher in der Zaubertasche verstaut.

Die Dunkelheit senkte sich bereits über das Land. So zog er sie heraus und entzündete sie. Ein warmes und angenehmes Licht ging von ihr aus. Augenblicklich breitete sich ein tolles Gefühl in dem Wichtel aus. Aber es war noch nicht das, was er gestern spürte.

Nils stapfte durch den Schnee.

Bald würde es wieder schneien. Ganz bestimmt. Er schaute sich um.

Er wollte sich nicht unbedingt mitten in den Schnee setzen. Dann sah er ihn. Einen großen Baum mit einem Unterschlupf. Ob hier manchmal eine Eule übernachtete? Das wusste der Wichtel natürlich nicht. Doch für ihn war es der richtige Platz. Schnell hüpfte er in die große Baumhöhle. Die Laterne stellte er zur Seite. Ein angenehmes Licht erfüllte den kleinen Platz.

Nils nahm das Buch zur Hand und spürte schon das schöne Gefühl. Es war wie gestern. Nun wollte er nicht mehr warten.

Langsam schlug er es auf. Bilder und Buchstaben schauten ihm entgegen. Schon startete er seine persönliche Reise. Er tauchte ein in eine andere Welt. Es dauerte nur ein paar Augenblicke. Es war wundervoll und für Nils unbeschreiblich. Eine Seite nach der anderen blätterte er um. Wunderschöne Bilder strahlten ihm entgegen.

Es war seine Zeit. Seine magische Zeit, die er ganz allein für sich nun endlich entdeckt hatte. Nur ganz selten warf er einen Blick auf seine Laterne. Sobald das Licht kleiner wurde, musste er sich auf den Rückweg machen. Im Dunklen wollte er nicht durch den Winterwald streifen. Doch er hatte noch Zeit.

Nils las weiter, tauchte ganz tief in die neue und fantastische Welt ein. Es ging um zauberhafte Wesen, Weihnachten und einer tollen Kraft. Diese spürte er nun auch.

Doch irgendwann musste er gehen. Das Licht wurde immer kleiner. Ob er wollte oder nicht. Die Zeit für den Rückweg war gekommen.

Nils schlug das Buch zu, nahm die Laterne und hüpfte wieder aus dem Unterschlupf. Genau in diesem Moment kam eine Eule und suchte den gleichen Platz. Ihre Federn funkelten.

Was für ein Zufall. Nils lächelte.

Ohne Frage, es war sein magischer Moment, den er nun endlich gefunden hatte. Morgen würde er zurückkommen. Aber erst, nachdem er viele Kinder auf der Welt mit Weihnachtsgeschenken glücklich gemacht hatte.

Schnee für den Schlitten

Markus schaute traurig aus dem Fenster. So hatte er sich den schulfreien Tag nicht vorgestellt. Er wollte so gerne eine Runde mit dem Schlitten fahren. Aber so würde das nicht gehen.

Es lag nur noch eine leichte Schneedecke auf der Erde. Viel zu wenig, um richtig Spaß zu haben.

Der Junge stützte das Kinn auf die Hände. Er stöhnte. Markus musste sich wohl etwas anderes überlegen.

»Mama, schneit es heute noch?«, fragte der kleine Junge, als seine Mama in den Flur kam. Auch sie schaute aus dem Fenster. Schnell schüttelte sie aber den Kopf.

»Ich glaube nicht, Schatz. Zumindest haben sie davon im Wetterbericht nichts gesagt.«

Das war nicht das, was Markus hören wollte. Die letzte Hoffnung verschwand. Eigentlich hatte es in diesem Winter so gut wie gar nicht geschneit. Immer nur ein paar Flocken. Die blieben aber nicht lange liegen. Wenn es so weiterging, würde er den Schlitten gar nicht nutzen können.

Letztes Jahr hatte Markus ihn bereits bekommen. Sollte er etwa noch ein Jahr warten müssen? Das wollte er sich gar nicht vorstellen.

Markus schaute in den Himmel. Es waren Wolken zu sehen. Ob sich dort Schnee versteckte? Es sah nicht danach aus, und wenn doch? Warum fiel er dann nicht auf die Erde? Der kleine Junge verstand es einfach nicht.

Noch immer traurig, ging traurig in sein Zimmer. Er wollte gar nicht mehr aus dem Fenster sehen. Es würde sich ohnehin nichts ändern.

Er schloss die Tür. Was sollte er jetzt machen? Sein Blick huschte zur Ritterburg. Doch damit wollte er nicht spielen. Auch sein Buch interessierte ihn nicht. Selbst auf Malen hatte er keine Lust.

Markus wusste genau, was er wollte:

Schlittenfahren. Er bekam diesen Gedanken nicht mehr aus dem Kopf.

Mit traurigem Blick setzte er sich an den Schreibtisch. Markus zog sich ein Blatt herein und begann, seinen Schlitten zu malen. Vielleicht würde das die Stimmung aufhellen? Aber es geschah nicht. Es machte ihn nur noch trauriger.

Eine Weile saß er einfach nur da, den Kopf auf die Hände gestützt.

Plötzlich riss ihn Mamas Stimme aus seinen Gedanken.

»Markus, schau doch mal. Es schneit und wie!«

Der kleine Junge blinzelte. Das musste er träumen. Mama konnte unmöglich genau das gesagt haben. Vor wenigen Augenblicken sah überhaupt nichts danach aus. Dennoch schaute er endlich aus dem Fenster. Und es stimmte: Draußen schneite es und wie! So dicke Flocken hatte er schon lange nicht mehr gesehen.

Ohne länger zu überlegen, sprang er auf. Alle Traurigkeit war vergessen.

»Ich gehe raus!«, rief er mit einem Lächeln. Schnell waren Mütze, Schal, Jacke und Schuhe angezogen. Er schaute sich nicht mehr um. Markus rannte nach draußen und schnappte sich den Schlitten.

Mit einem Grinsen schaute er an sich herab. Seine ganze Jacke war voller Schnee. Überall war Schnee. Ganz egal, wo er hinschaute. Das war doch kaum möglich.

Mama schien es auch nicht glauben zu können. Sie stand an der Haustür und blickte in den Himmel.

»Das ist seltsam! Sie haben es gar nicht angesagt. Komisch!«

Sie zuckte mit den Schultern, lächelte aber. Markus war glücklich und das reichte ihr.

Doch der kleine Junge hatte keine Zeit, darüber nachzudenken. Für ihn zählte nur, dass endlich die Erde in Weiß gehüllt wurde.

Der Junge nahm den Strick des Schlittens in die Hand. Dann lief er los. Es war einfach, es war leicht. Für Markus jedoch war es der schönste Augenblick. So lange hatte er auf den Schnee gewartet. So sehr hatte er sich auf diesen Moment gefreut. Für ihn brauchte es keine große Rutschpartie. Es reichte aus, einfach draußen zu sein. Er war glücklich.

»Schau mal, Mama!«, rief er noch immer aufgeregt.

Sie lächelte und teilte seine Freude.

Etwas Schöneres gab es an diesem Nachmittag nicht.

Markus hätte nicht mehr sagen können, wie lange er über den Hof lief. Er drehte hier und dort eine Runde. Dabei malte er schöne Muster in den Schnee. Die Flocken fielen weiter vom Himmel. So schnell würde es heute nicht aufhören.

Das gefiel Markus. Vielleicht würde er morgen auch wieder fahren können.

Der kleine Junge sprach es nicht laut aus. Doch für ihn war es ein kleines Wunder. Die Magie der Vorweihnachtszeit. Sein schönstes Geschenk hatte er schon bekommen.

Der lächelnde Schneemann

Endlich Winter. Es war kalt, aber trotzdem wunderschön. Frank und Anja freuten sich. Mama mochte den Winter auch sehr gerne. Nur Papa ärgerte sich manchmal über die schlechten Straßen. Für die Kinder war es aber immer die schönste Zeit im Jahr.

Stundenlang hätten die Geschwister draußen spielen können. Es gab immer etwas zu entdecken.

Sie fuhren mit dem Schlitten. Zogen sich die Schlittschuhe an. Einmal bauten sie sogar ein Iglu.

Heute hatten die beiden sich für einen Schneemann entschieden. Das konnten sie besonders gut. Sie bauten jedes Jahr mehrere. Doch jetzt war es der erste.

»Lass uns anfangen«, sagte Frank und rollte schon an der ersten großen Kugel.

»Ich gehe rein und suche Hut und Schal«, sagte Anja und verschwand. Schon nach kurzer Zeit kam sie mit den gesuchten Dingen wieder.

»Mama hat mir das gegeben«, zeigte das Mädchen stolz.

Frank nickte.

»Schön, das wird gut passen. Komm, lass uns rollen.«

Das ließ sich Anja nicht zweimal sagen. Sie kümmerte sich um den Kopf. Der war am kleinsten. Das machte sie immer so. Natürlich war sie viel schneller fertig als ihr Bruder. Doch auch Frank hatte es bald geschafft. Die Kugel war riesig und richtig schön.

»Wir stellen die Kugel dort drüben hin.«

Anja zeigte auf einen Platz. Hier würden ihn alle sehen können, wenn sie aus dem Wohnzimmer schauten und auch alle Spaziergänger draußen.

Die beiden rollten die Kugel dorthin. Gemeinsam machten sie sich an die zweite. Auch diese war schnell fertig. Zusammen setzten sie diese auf die große.

»Sieht toll aus!«, freute sich Frank und klatschte in die Hände.

Mit dem Kopf ging es leichter. Er war nicht so schwer.

Die zwei schauten sich das Ergebnis an. Irgendetwas fehlte noch.

Die Kinder legten den Kopf schräg und überlegten. Es dauerte aber nicht lange.

»Er braucht noch eine Nase. Ich frage Mama schnell«, sagte Anja und war weg. Ein paar Augenblicke später kam sie mit einer großen Möhre zurück.

»Das sieht toll aus!«

Frank setzte den Hut auf und band den Schal um. Beides passte wunderbar zu der schönen Nase.

»Jetzt braucht er noch Augen«, gab Frank zu bedenken.

»Was wollen wir nehmen?«

Anja überlegte und schaute sich um. Überall lag Schnee. Wenn sie ein paar Steine finden könnten, würde das gehen.

»Lass uns nach Steinen suchen«, sagte sie und die beiden begannen damit.

Es war gar nicht so leicht, aber irgendwann kam Frank doch mit ein paar Steinen zurück.

»Die gehen bestimmt. Sie sind gleich groß.«

Das war für die Geschwister sehr wichtig. Immerhin sollte ihr Schneemann richtig toll aussehen.

Jeder von ihnen brachte einen Stein. Das machten sie immer so. Die Kinder waren ganz vorsichtig. Sie wussten, was passierte, wenn sie zu sehr drückten. Es wäre nicht das erste Mal.

Aber heute klappte alles.

Mit einem Lächeln schauten die Geschwister auf ihre Arbeit im Schnee.

Sie waren begeistert. Er war richtig schön geworden. Selbst Mama schaute aus dem Fenster. Sie lächelte.

»Das habt ihr aber richtig toll gemacht. Er sieht gut aus und der Hut passt am besten.«

Sie grinste. Warum auch nicht? Mama hatte den Hut vor vielen Jahren selbst getragen. Jetzt brauchte sie ihn aber nicht mehr.

»Kommt ihr dann rein? Es gibt gleich Essen«.

Erst jetzt merkten die beiden, wie groß ihr Hunger war. Sie nickten. Aber sie mussten noch eines tun. Sie wollten ihren Schneemann umarmen. Auch das machten sie immer.

Frank und Anja gingen auf ihn zu. Beide lächelten und breiteten die Arme aus. Es war ein tolles Gefühl. Vorsichtig legten sie die Arme um den Schneemann.

»Er ist so schön«, freute Anja sich.

Frank nickte. Er war der gleichen Meinung.

Nur langsam lösten die Kinder sich von ihrem neuen Schneemann. Aber der Hunger war einfach zu groß. Sie strahlten und machten sich auf den Weg ins Haus.

Anja und Frank konnten es nicht sehen. Aber der Schneemann lächelte ihnen dennoch zu. Auch er war glücklich. Ihm gefiel sein Platz vor dem Haus. Er mochte den Hut und den Schal. Aber noch lieber hatte er Anja und Frank.

Sein Lächeln war echt und ehrlich.

Die Geschwister sahen und wussten all das nicht. Vielleicht hätten sie es auch gar nicht geglaubt. Oder doch? Denn schließlich war bald Weihnachten. Es war die Zeit der Wunder und der Fantasie.

Lars will auf Reisen gehen

Mit einem Schmollmund saß der Wichtel neben dem großen Schlitten. Eigentlich hatte er es sich fast gedacht. Doch gefragt hatte er trotzdem.

Einmal mit dem Weihnachtsmann auf Reisen gehen. Warum nicht? Er konnte helfen.

Doch leider sah das Oberhaupt des Nordpols das anders.

»Ich reise immer allein«, war die Antwort. Mehr sagte er nicht. Lars war traurig. Das war einfach nicht richtig. War er nicht immer ein fleißiger Wichtel? Warum zweifelte der Weihnachtsmann an seinem Können? Doch eigentlich ging es nicht um das Basteln der Geschenke. Lars konnte das doch so gut.

Das sagte er ihm natürlich auch.

»Aber Weihnachtsmann, ich werde dich nicht stören. Ich möchte dir nur helfen. Das kann ich«, versuchte Lars es weiter. Doch auch das wollte der große Mann mit dem langen Bart nicht hören.

Er schüttelte abermals den Kopf.

»Das glaube ich dir. Ich weiß, was du kannst. Aber es geht nicht. Das ist mein letztes Wort.«

Damit ging er fort und kümmerte sich wieder um das Einpacken der Geschenke.

Mittlerweile war der Schlitten voll. Die Reise konnte beginnen. Lars sah den großen Berg von Geschenken. Sie alle mussten heute verteilt werden. So viel Arbeit. Er zweifelte nicht daran, dass der Weihnachtsmann es schaffen würde. Doch seinen Wunsch konnte er auch nicht einfach vergessen.

Einmal wollte er es spüren. Er wollte es nur dieses eine Mal sehen. Lars wollte so gerne mit den Rentieren fliegen. Den Glitzerstaub sehen und die Magie spüren. Die Geschenke unter den Kamin legen. Die Freude fühlen. Es war eine magische Nacht, das wusste der Wichtel genau.

Diese Magie spürten sie natürlich auch in der Werkstatt. Aber es war noch einmal etwas ganz anderes, im Schlitten auf Reisen zu sein.

Dann fiel es Lars ein. Ohne lange zu überlegen, sprang er zwischen die Geschenke. Hier würde der Weihnachtsmann ihn nicht sehen. Ganz schnell suchte er sich einen Platz.

Als hätte es nur diese Idee gebraucht, tauchte er auch schon auf. Der Weihnachtsmann setzte sich und brachte den Schlitten in Bewegung.

Die Rentiere hoben ab. Sie flogen durch die Nacht. Lars schaute durch das Schleifenmeer. Es war tatsächlich so. Überall konnte er Glitzerstaub sehen. Seine Augen wurden groß. So hatte der Wichtel es sich nicht vorgestellt. Es war noch viel schöner. Ein Traum der Weihnacht. Nun wusste er, was es bedeutete.

Dann passierte es: Ein großes Geschenk rutschte und landete genau auf dem Kopf des Wichtels.

»Aua, mein Kopf«, schrie er laut. Viel zu laut... Es tat schließlich auch richtig weh. Das allein reichte jedoch. Der Schlitten wurde langsamer. Der Weihnachtsmann drehte sich um. Was er dort sah, konnte er kaum glauben.

Lars lag in einem Meer aus Geschenken. Seine Hand lag auf seinem Kopf.

»Habe ich es mir doch gedacht«, staunte der Weihnachtsmann.

Lars senkte den Blick. Nun war er sicherlich böse auf ihn.

»Was soll ich nur mit dir machen?«

Wieder sagte Lars nichts. Was sollte er auch sagen? Er hatte nicht auf das Oberhaupt des Nordpols gehört. Er war gegen seinen Willen mitgekommen. Nun würde er vielleicht nicht mehr in der Werkstatt helfen dürfen.

»Es tut mir leid«, stammelte Lars. Doch den Blick hob er noch immer nicht.

»Zurück kann ich jetzt nicht mehr«, hörte er plötzlich. In der Stimme des Weihnachtsmannes veränderte sich etwas. Dann sah er es: ein Lächeln.

»Du bist mir schon einer. Komm, setz dich zu mir. Wir müssen uns beeilen.«

Das ließ Lars sich nicht zweimal sagen. Schnell hüpfte er auf den weichen Platz und nach Sekunden waren sie am ersten Haus und dann bei den nächsten Häusern.

Ein Geschenk nach dem anderen sorgte für Weihnachtsträume. Es funkelte und glitzerte. Überall sah der kleine Wichtel bunte Bäume, Kerzen und tolle Farben. All das waren Dinge, die es nur in der Weihnachtszeit gab.

Lars Traum war endlich wahr geworden. Es war viel schöner als in seiner Vorstellung.

Er wusste nun, wie sich der große Zauber der Weihnacht anfühlte. Jeder erlebte ihn anders, das wusste er. Aber für ihn war es das Schönste, was er jemals gefühlt hatte. Hier war Lars genau richtig. Er war froh, dass der Weihnachtsmann nicht mehr böse auf ihn war. Er liebte einfach diese Weihnachtswelt.

Das größte Geschenk

Der kleine Willi schob eine Eisenbahn aus Holz über den Teppich. Sie hatte keine Anhänger. Eigentlich war es nur eine Lok. Ein Rad war nicht mehr ganz rund.

Sie fuhr aber noch gut. Es war Willis liebstes Spielzeug. Er hatte es nun schon viele Jahre und spielte jeden Tag damit.

Ein Stück weiter spielte seine Schwester Marie. Sie kuschelte mit ihrem Teddy. Ihm fehlte ein Auge. Doch auch das störte sie nicht. Für sie war es das schönste Kuscheltier, was sie besessen hatte.

Die beiden Geschwister teilten sich ein Zimmer. Mehr Platz war in der kleinen Wohnung nicht. Sie kamen aber gut miteinander aus. Manchmal stritten sie sich ein bisschen. Das hielt aber nicht lange an.

Plötzlich ging die Tür auf. Mama schaute herein. Sie trug den kleinen Bruder auf dem Arm. Er war erst ein paar Monate alt. Laufen konnte er noch nicht.

»Na ihr beiden. Ich denke, es ist bald soweit«, sagte Mama und reichte ihnen ein paar Mützen. Sie sahen aus, wie die des Weihnachtsmannes.

Jedes Jahr, kurz vor der Bescherung, setzten sie alle eine solche auf. Es machte ihnen Spaß.

Die Kinder griffen nach den Mützen.

Mama lächelte und schloss leise die Tür.

Willi jedoch seufzte. Er liebte Weihnachten. Große Wünsche hatte er aber nicht. So wie jedes Jahr. Nur eines wünschte er sich: Schnee!

So lange hatte es nicht mehr richtig geschneit. Erst gestern unterhielten sie sich darüber beim Abendessen. Mama und Papa wünschten sich das auch. Marie ebenfalls. Ihr kleiner Bruder konnte noch nicht reden. Aber er kannte den Schnee noch gar nicht.

»Wie lange es schon her ist…«, sagte Marie plötzlich und schaute aus dem Fenster.

Willi nickte und stand auf. Vorsichtig schob er seine Lok zur Seite.

»Der Weihnachtsmann kann leider nicht alles machen«, sagte der Junge und zuckte mit den Schultern.

»Du hast recht. Lass uns gehen«, gab Marie nach.

Langsam verließen sie das Zimmer. Im Wohnzimmer stand ein kleiner Weihnachtsbaum. Verschönert wurde er durch eine Lichterkette und ein paar Kugeln. Sehr viele hatten sie nicht. Aber auch das war gar nicht so schlimm. Sie schmückten den Baum jedes Jahr gemeinsam. Das war ein schöner Moment.

»Schaut mal, der Weihnachtsmann war da!«, sagte Papa mit einem Grinsen. Seine Mütze trug er natürlich auch. Seine Haare schauten wild unter ihr hervor. Bestimmt hatte er dem Weihnachtsmann geholfen.

Mit strahlenden Augen schauten die Kinder auf die Geschenke. Jeder bekam eines. Das war immer so.

Mama bückte sich und reichte sie an Willi und Marie weiter.

»Schöne Weihnachten euch beiden.«

Ihr kleiner Bruder lachte auf Mamas Arm und freute sich.

»Danke Mama. Das wünschen wir dir auch«, sagten die beiden Geschwister und öffnete ihre Geschenke. Wünsche hatten sie nicht geäußert. Sie ließen sich gerne überraschen.

Gerade, als Willi die Schleife öffnen wollte, schaute er aus dem Fenster. Er traute seinen Augen nicht.

»Seht mal, da draußen«, rief er und die Blicke folgten ihm.

Marie öffnete schon das Geschenkpapier. Nur ungern sah die Schwester auf, doch neugierig war sie trotzdem.

Und tatsächlich: Es war kaum zu glauben und doch wahr. Es schneite. Große Flocken fielen vom Himmel.

»Kommt schnell!«, rief Marie, stand auf und rannte nach draußen. Die anderen folgten ihr natürlich.

Nach ein paar Augenblicken stand die ganze Familie draußen und schaute in den Himmel. Es schien kein Ende zu nehmen. So viel Schnee hatten sie schon seit langer Zeit nicht mehr gesehen.

Willis und Maries Augen leuchteten. Das war ihr Weihnachtsmoment. Mehr brauchte es für die kleinen Kinder nicht.

Sie hatten alles, was sie brauchten. Eine wundervolle Familie, ein Geschenk und Schnee. Sie waren zusammen. Nur das zählte an diesem Abend.

Sie brauchten nicht viel Geld und unzählige Spielzeuge unter dem Weihnachtsbaum.

Sie hatten alles, was für sie wichtig war. Eine wundervolle Familie und einen Moment, den sie nie mehr vergessen würden.

Der Weihnachtsmann wusste das. Denn er hatte ihnen an diesem Abend den größten Wunsch erfüllt. Mehr als dieses Geschenk brauchte es nicht. Das wussten sie, obwohl es niemand sagte.

Zusammen standen sie draußen, schauten sich die Flocken an. Sie spürten die Wärme des anderen. Die Liebe war in diesem Augenblick ganz nah.

Weihnachten würde ohne Frage das schönste Fest bleiben. Jedes Jahr aufs Neue.

Unter dem Weihnachtsbaum

Endlich war es soweit. Der große Abend war gekommen. So lange freute sich Max schon darauf. Jetzt war er endlich da.

Es war wunderschön, so wie jedes Jahr. Nur dieses Mal war etwas anders. Er hatte jetzt einen kleinen Bruder. Simon war noch kein Jahr alt. Es war sein erstes Weihnachtsfest. Laufen konnte er noch nicht, aber bereits etwas krabbeln.

Weihnachtsmusik erfüllte den Raum. Überall brannten Lichter und es lagen Geschenke unter dem Baum. Max packte gerade das erste auf. Er wusste schon, was es war. Er hatte es sich gewünscht. Eine große Garage für seine Autos. Die sah richtig toll aus. Viel größer, als er sie sich vorgestellt hatte.

Mama lächelte.

»Und, hat der Weihnachtsmann das Richtige gebracht?«

Max hörte die Frage zwar. Doch Zeit für eine Antwort hatte er nicht. Er musste sich schon um das nächste Geschenk kümmern.

Aus der nächsten bunten Verpackung holte er ein großes Auto heraus. Das war super. Natürlich passte es auch toll in die Garage. Der Weihnachtsmann hatte einfach an alles gedacht.

Max schaute sich um. Ein paar Geschenke waren noch übrig.

»Mach doch nicht so schnell. Du hast Zeit«, gab Papa zu Bedenken.

»Ich will aber wissen, was drin ist«, sagte Max schnell. Selbst die Antwort nahm zu viel Zeit in Anspruch. Es musste weitergehen.

Für Mama schien das alles nicht weiter ungewöhnlich zu sein. Sie kannte Max. Jedes Jahr war es der gleiche Ablauf. Er musste alles ganz schnell auspacken. Keine Zeit zum Anschauen. Aus diesem Grund sagte sie auch nichts.

Max merkte kaum, was um ihn herum

geschah. Der hätte nicht einmal sagen können, welches Lied gerade lief. Es war ein Weihnachtslied, weil es immer so war. Mehr wusste er nicht.

Max schaute sich um. Ein paar Geschenke lagen noch da. Das eine war für Mama. Auch Papa bekam etwas und sogar für seinen kleinen Bruder war etwas dabei.

Wo war er überhaupt?

Erst jetzt schaute Max sich um. Nahm wahr, was sich um ihn herum abspielte.

Sein kleiner Bruder schien sich gar nicht für den Trubel zu interessieren. Er saß ein Stück entfernt vom Baum. Dort spielte er mit einem bunten Geschenkband. Seine Augen leuchteten und er lachte. Max schaute ihm dabei zu. Es machte sogar richtig Spaß. Immer wieder schwang er das Band hin und her. Dabei lachte er und zog sofort das nächste Band zu sich. Es hatte eine andere Farbe und war dicker. Natürlich war auch das richtig toll und sorgte für ein Lachen.

»Schau mal, was Simon da macht«, sagte Max und zeigte auf ihn.

Mama und Papa unterbrachen das Gespräch. Sie lachten. Mittlerweile war Simon von oben bis unten mit Geschenkbank eingewickelt.

Mama konnte das aber nicht mit ansehen. Sie stand auf und befreite den kaum ein Jahr alten Jungen.

»So, jetzt siehst du nicht mehr aus wie ein Geschenk.«

Sie lachte und Simon freute sich. Er klatschte aufgeregt in die Hände und schaute sich um. Auch wenn er nicht reden konnte, waren seine Gedanken klar. Was sollte er jetzt machen? Er suchte nach einer neuen Aufgabe. Dann sah er Max an und schien ein Ziel gefunden zu haben.

So schnell Simon konnte, krabbelte er auf den großen Bruder zu. Er schien genau zu wissen, was er wollte.

Als er da war, krabbelte er auf sein Knie und kuschelte sich ganz eng an ihn. Mehr brauchte er nicht. Simon war glücklich. Sein Lächeln zeigte es deutlich. Dann seufzte er auch noch. Sein Weihnachtsabend schien perfekt zu sein.

Doch nicht nur für ihn. Max ging es nicht anders. Er kuschelte zwar oft und gern mit seinem Bruder, doch das war so noch nicht passiert. Überall stand Spielzeug, aber das interessierte ihn nicht. Simon wollte nur bei seinem großen Bruder sein.

Damit war der große Moment aber noch nicht vorbei. Simon schaute Max mit großen Augen an. Er streckte einen kleinen Finger aus.

Max merkte sofort, dass Simon auf ihn zeigte. Doch dann geschah noch etwas anderes. Der kleine Bruder öffnete den Mund. Erst geschah nichts und dann sagte er ganz deutlich: »Mas«

Alle schauten ihn an. War das wirklich möglich?

»Simon hat sein erstes Wort gesagt. Er hat Max gesagt«, freute Mama sich und sprang auf. Das war das schönste Weihnachtsgeschenk, was sie alle bekommen konnten. Für Max war es wohl das Größte. Zwar konnte Simon den letzten Buchstaben noch nicht richtig, aber das war nicht schlimm.

Er hatte heute, am Weihnachtsabend, das erste Mal gesprochen. Und was er gesagt hatte, würde wohl niemand mehr so schnell vergessen.

Weihnachten war einfach wundervoll.

Einfach zusammen

Jana liebte die Weihnachtszeit. Sie freute sich das ganz Jahr über auf den Weihnachtsbaum. Sie genoss die Lichter und war glücklich, dass Mama und Papa nicht arbeiten mussten.

Etwas Schöneres gab es für das kleine Mädchen nicht.

Manchmal schüttelte ihre Freundin sogar darüber mit dem Kopf. Für sie waren nur die Geschenke wichtig. Zumindest kam es Jana so vor. Sie sagte es ihr aber nicht.

Nun war es wieder so weit. Der große Abend war gekommen und sie alle waren zusammen.

Mit großen Augen schaute sie sich um. Es war wie immer, aber doch wunderschön.

Überall standen Kerzen und brannten helle Lichter. Der Weihnachtsbaum war in diesem Jahr wieder besonders schön.

Hier musste das Mädchen lachen. Sie hatte es auch nicht anders erwartet. Schließlich war sie selbst mit Papa losgefahren und hatte ihn erst vor ein paar Tagen gekauft. Die beiden hatten ihn gesehen und er musste es sein. So war es dann auch gekommen. Nun stand er hier in ihrem Wohnzimmer und funkelte in den schönsten Farben.

Heute Morgen hatte Jana ihn mit Mama geschmückt. Sie liebten die bunten Kugeln. Er konnte nicht genug Farbe tragen.

Alles war gut.

Mama und Papa kamen in das Wohnzimmer und lächelten. Jana saß zusammen mit ihrem Bruder zwischen vielen Geschenken.

„Na, seid ihr mit dem Weihnachtsmann zufrieden?", fragte Mama und grinste.

„Ja, das ist super", freute Jana sich und legte das Buch zur Seite, das sie sich gewünscht hatte. Sie würde es sich später ansehen. Es gab noch viel zu entdecken. Doch morgen hatte sie dafür auch noch Zeit.

Plötzlich stand ihr kleiner Bruder auf. Auch er hielt ein Buch in der Hand. Da er aber noch nicht so gut lesen konnte, waren fast nur Bilder darin. Es sah auch nicht so wirklich aus wie ein Buch. Es konnte auseinandergeklappt werden und die Seiten waren auch viel dicker als die von Janas Büchern.

Das Mädchen kannte es. Sie selbst hatte in dem Alter auch ein ähnliches gehabt. Der Weihnachtsmann wusste einfach, was zu welchem Alter passte. Es war doch immer wieder erstaunlich.

„Können wir das anschauen?“, fragte der kleine Junge und hielt das Buch seiner Mama entgegen.

Sie lächelte und nahm es vorsichtig an sich.

„Ja, gerne. Komm, wir setzen uns dort drüben hin. Da ist Platz.“

Mama sagte es nicht, aber sie alle wussten, dass sie alle eingeladen waren.

Jana folgte den beiden und auch Papa machte es sich schnell auf seinem Platz gemütlich.

Eine angenehme Wärme erfüllte den Raum. Das Licht des Baumes sorgte für einen schönen Glanz im ganzen Zimmer. Schon wieder war das Mädchen wie verzaubert. Sie hätte nicht beschreiben können, was sie in diesem Moment fühlte.

Es war Weihnachten. Es war die Zeit der Magie. Vielleicht brauchte sie es auch gar nicht in Worte zu fassen.

Mama rutschte kurz auf ihrem Platz hin und her, bis sie richtig gut saß. Dann schlug sie das Buch auf. Jana liebte es, wenn sie ihnen vorlas, oder einfach nur ein Buch mit ihnen anschaute.

Jana war zwar schon alt genug, dies allein zu können, aber sie genoss es trotzdem. Sie hörte Mamas sanfter Stimme sehr gerne zu. Immer wieder.

Sie erklärte, was sie alles in dem Buch sah, und zeigte auf die Bilder. Jana schaute hin und ihr kleiner Bruder bekam große Augen. Mit einem Funkeln im Blick folgte er dem Finger ihrer Mama.

Immer wieder schaute und zeigte er auf die gleichen Dinge. Er war fasziniert von der bunten Welt und einem kleinen Buch, das für ihn an diesem Abend alles bedeutete.

Jana schloss die Augen und genoss den Moment.

Das war Weihnachten. Das war ihr Fest, genauso, wie sie es sich vorgestellt hatte. Sie liebte ihre Geschenke und war stolz auf jedes einzelne davon. Doch noch mehr mochte sie diese Augenblicke. Die Zeit inmitten des Kerzenlichts, zusammen mit ihrem Bruder und ihren Eltern. Mehr brauchte sie nicht. Vielleicht wäre es auch gar nicht so schlimm gewesen, wenn sie ein Geschenk weniger bekommen hätte. Aber nur vielleicht!

Weihnachten war nicht nur ein Fest der Geschenke, zumindest für sie. Es zählte die Zeit mit der Familie. Das Zusammensein, und das Wissen, dass ein kleiner Schimmer der Magie über jedem Haus schwebte.

Weihnachten würde wohl immer ihr Lieblingsfest bleiben, das wusste Jana genau.

Eine Geschichte für Teddy

Susann lag in ihrem Bett. Doch ihre Augen waren noch offen. Sie schaute an die Zimmerdecke. Schlafen konnte sie nicht. Daran war überhaupt nicht zu denken.

Wie auch: Heute war Weihnachtsabend. Zwar hatte das Mädchen schon ihre Geschenke ausgepackt, aber aufgeregt war sie noch immer.

Mit wachen Augen schaute sie ihren Teddy an. Sie kuschelte sich enger an ihn. Genauso einen hatte sie sich vom Weihnachtsmann gewünscht und auch bekommen.

Er war so kuschelig und weich. Sie würde ihn nie mehr hergeben.

Aber auch seine Augen waren noch groß.

„Kannst du auch nicht schlafen?", fragte sie ihn und lächelte.

„Das glaube ich dir", gab sie sich selbst die Antwort.

„Das war ein toller Weihnachtsabend. Aber ich bin auch noch viel zu aufgeregt."

Susann setzte sich auf und schaute durch den Schlitz der Zimmertür. Es war alles dunkel. So wie es aussah, waren Mama und Papa auch schon im Bett.

Das Mädchen schaute ein paar Mal zwischen der Tür und dem Teddy hin und her. Ihr kam eine Idee.

Wenn sie nicht schlafen konnte, las Mama ihr immer eine ganz bestimmte Geschichte vor. Das Buch war aber allerdings im Wohnzimmer. Sie musste also dorthin.

Susann überlegte nicht lange. Sie schwang die nackten Füße aus dem Bett und hielt den kuscheligen Teddy fest im Arm.

„Du musst keine Angst haben. Ich passe auf dich auf", flüsterte sie ihm zu.

Auf Zehenspitzen ging sie zur Tür und schaute hinaus. Nichts war zu sehen. Nur ein leichter Lichtschein aus dem Wohnzimmer. Das war der Weihnachtsbaum. Papa ließ die Lichter immer über Nacht an.

Noch ein Blick nach links und rechts. Dann ging Susann leise, aber sicher, weiter.

Sie lehnte die Tür zu ihrem Zimmer nur leicht an.

Am Wohnzimmer angekommen, schob sie die Tür auf. Zum Glück quietschte sie nicht. Leise schlüpfte sie hinein und schloss sie wieder.

Sie wusste, dass Mama und Papa sicherlich nicht böse sein würden, wenn sie sie hier entdeckten. Aber ins Bett schicken würden sie Susann sicherlich. Dennoch musste sie noch die Geschichte lesen.

„Schau, da ist das Buch", sagte sie und holte es aus dem Regal.

Im Schneidersitz setzte Susann sich direkt neben den Weihnachtsbaum.

Ein ungewohntes Gefühl stieg in dem Mädchen auf. Sonst war sie es immer, die vorgelesen bekam. Nun tat sie es selbst. Ob sie es auch so gut machen würde, wie Mama? Bestimmt, sie würde sich die größte Mühe geben.

Mit einem Rascheln blätterte sie die erste Seite auf. Eine hübsche Elfe strahlte ihr entgegen. Sie mochte die Geschichten über den Zauberwald und die Fabeltiere.

Mit leiser Stimme begann sie, vorzulesen. Zeile für Zeile kam über ihre Lippen. In nur wenigen Momenten war sie in einer anderen Welt. Das Licht der Kerzen und die Magie der Weihnachtszeit taten den Rest.

Nichts nahm Susann mehr um sich wahr. Sie las eine Seite nach der anderen. Dabei warf sie immer wieder einen kurzen Blick zu ihrem Teddy. Bekam er plötzlich kleinere Augen? Sie las trotzdem weiter, ließ sich nicht beirren.

Sie war mittendrin im Wald der Elfen, sah die Tiere, hörte die Blätter auf den Bäumen rascheln, die nun auch von Schnee bedeckt waren.

Dann endete die Geschichte und sie schlug das dünne Buch zu.

Susann streckte sich und gähnte.

„Bist du jetzt auch so müde wie ich?“

Sie stand auf und stellte das Büchlein wieder in den Schrank zurück. Sie sah einen Moment ihren Teddy an. Noch immer war sie der Meinung, dass seine Augen deutlich kleiner geworden waren. Doch sicherlich bildete sie sich das nur ein. Es war nun eindeutig Zeit, ins Bett zu gehen.

Sie nahm ihren Teddy wieder auf den Arm und ging auf leisen Füßen in ihr Zimmer zurück. Mit einem Lächeln kuschelte Susann sich in die weiche Decke. Draußen schneite es nun. Die Welt würde morgen unter einer weißen Decke versteckt sein.

All das bekam das kleine Mädchen aber gar nicht mehr mit. Kaum berührte ihr Kopf das Kissen, war sie auch schon eingeschlafen.

So konnte sie auch nicht sehen, dass Mama leise die Tür schloss und einen Teil der Geschichte mitgehört hatte.

Auch konnte sie nicht mehr sehen, dass

ihr Teddy die Augen nun wirklich heimlich geschlossen hatte. Doch nun schlaf gut, kleine Susann.

Endlich Schnee

Maren und Emil konnten es kaum glauben. Morgen war endlich Heiligabend. Die Aufregung war jedoch nicht so zu spüren, wie sonst.

Das hatte auch einen guten Grund. Sie schauten aus dem Fenster. Keine einzige Schneeflocke war zu sehen. Es hatte dieses Jahr noch gar nicht geschneit. Nicht mal ein bisschen. Und das, obwohl es doch immer wieder angesagt wurde. Vielleicht wollte der Weihnachtsmann dieses Jahr nicht kommen? Aber sie waren doch immer lieb und artig gewesen. Das konnte es eigentlich nicht sein.

Traurig stützte Maren den Kopf auf die Hände. Sie wollte darüber eigentlich nicht mehr nachdenken.

„Wenn das morgen auch noch so aussieht, kommt der Weihnachtsmann nicht."

Es war schon fast dunkel. Dennoch war genau zu erkennen, dass kein Schnee lag.

„Dann fällt Weihnachten aus", fügte ihr Bruder traurig hinzu.

Das konnte doch alles nicht wahr sein. Sie hatten so gehofft, dass wenigstens ein bisschen Schnee fallen würde.

„In der Schule haben sie erzählt, dass der Weihnachtsmann auch mit dem Flugzeug kommen kann.“

Maren blinzelte und schaute ihren Bruder verwirrt an.

„Mit dem Flugzeug? So ein Quatsch. Der Weihnachtsmann kommt immer mit dem Schlitten. Aber wenn kein Schnee liegt, geht das nicht. Fertig!“

Es war klar, dass Maren an diesem Abend nichts mehr dazu sagen würde.

„So, jetzt aber mal ab ins Bett mit euch.“

Mama kam ins Zimmer und holte die Geschwister aus ihren Gedanken. Sie mussten nur noch ins Bett krabbeln.

„Mama, stimmt es, dass der Weihnachtsmann kein Flugzeug hat?“, fragte Emil plötzlich.

Mama kniff die Augen zusammen. Das tat sie immer, wenn sie angestrengt über etwas nachdachte.

„Wie kommst du denn darauf?", fragte sie zurück.

„Na, wenn es nicht schneit, fährt doch morgen der Schlitten nicht."

Ein Lächeln stahl sich auf Mamas Lippen. Jetzt verstand sie, worum es ging.

„Also erstens kann der Schlitten vom Weihnachtsmann fliegen und ob er da auch noch ein Flugzeug braucht? Naja, vielleicht hat er ja eins, zur Sicherheit."

Mama zwinkerte, deckte die beiden Kinder zu und wünschte ihnen eine gute Nacht.

Emil hätte noch zu gerne weiter mit seiner Schwester darüber geredet. Aber sie schien schon zu schlafen. Vielleicht tat sie auch nur so.

Der Junge schaute noch einmal Richtung Fenster. Schnee war allerdings noch immer nicht in Sicht. So schloss er die Augen und fiel in einen unruhigen Schlaf.

Am nächsten Morgen holte ein Schrei Emil aus dem Bett. Es war seine Schwester. Angst schien sie allerdings nicht zu haben.

„Raus aus dem Bett. Es hat geschneit. Schau doch mal."

Emil konnte es nicht glauben. So schnell war er noch nie wach gewesen.

Tatsächlich. Draußen lag eine dicke Schneedecke.

„Komm schon. Lass uns rausgehen."

Ohne lange zu überlegen, rannten die Kinder nach draußen, schlüpften in die Sachen und zogen die Mützen über die Köpfe. Sie wussten nicht, ob Mama und Papa noch schlafen würden. Sie wollten einfach raus, jetzt und sofort.

Als sie die Tür öffneten, kam ihnen ein kalter Wind entgegen. Das störte sie aber nicht. Überall lag Schnee. Weicher und weißer Schnee.

„Das gibt's doch nicht. Den hat doch

bestimmt der Weihnachtsmann geschickt", war sich Emil plötzlich sicher.

Ihre Winterstiefel machten tiefe Abdrücke auf der weißen Decke. Es knirschte und das Beste: Es schneite immer noch.

„Also, wenn der Weihnachtsmann jetzt noch ein Flugzeug braucht, dann hat er nicht aus dem Fenster geschaut", machte Maren einen Witz.

Die Kinder lachten und schauten in den Himmel. Schneeflocken fielen herunter und verteilten sich wie ein Schleier auf dem schon weiß gefärbten Boden.

Die Haustür ging auf. Mama und Papa standen mit Morgenmantel in der Tür.

„Na, seht euch das an. So viel Schnee."

Maren und Emil lachten und warfen schon die ersten Schneebälle hin und her.

„Nun braucht der Weihnachtsmann kein Flugzeug mehr", freute Emil sich wieder und brachte damit auch Mama und Papa zum Lachen.

„Da hast du Recht", sagte Mama und zog den Mantel enger um ihren Körper.

„Was haltet ihr Weihnachtswichtel davon, wenn ihr trotzdem zum Frühstücken reinkommt?"

Das ließen sich die beiden nicht zweimal sagen. Bei allem Schnee hatten sie trotzdem Hunger.

Jetzt konnte der Weihnachtsabend endlich kommen und die Geschwister waren sich sicher, dass auch der Weihnachtsmann ganz beruhigt in seinen Schlitten steigen konnte. Ein Flugzeug brauchte er nun wirklich nicht mehr. Aber wenn er es doch hätte, war es sicherlich auch nicht schlecht ...

Auf zum Glitzersee

Heute war der erste Weihnachtstag.

Mit einem Lächeln dachte Bibi an den gestrigen Abend zurück. Es war ein toller Abend gewesen und der Weihnachtsmann hatte alles gebracht, was sie sich gewünscht hatte.

Doch die schöne Zeit war noch nicht vorbei. Mama hatte versprochen, heute an den Glitzersee zu gehen. So nannte Bibi den zugefrorenen See, gar nicht weit von zu Hause.

„Bist du dann so weit?“, hörte sie plötzlich Mamas Stimme hinter sich.

„Ja, bin ich.“

„Sehr gut, dann holen wir noch deinen Bruder und Papa. Dann gehen wir los.“

Bibi legte den Kopf schräg.

„Max muss doch auch mit. Können wir ihn nicht mitnehmen?“

Mama lächelte.

„Na klar kann er mit.“

Max war ihr kleiner Hund. Sie hatten ihn noch nicht lange, aber Bibi machte fast keinen Schritt mehr ohne ihn. Als schien er es gehört zu haben, kam der kleine weiße Hund auch schon auf sie zu. Er liebte es, spazieren zu gehen.

„Dann komm mal mit. Wir holen deine Leine und dann geht es los“, forderte Mama ihn auf und nahm das weiße Fellknäuel schon mit nach draußen.

Nach ein paar Minuten war die ganze Familie angezogen und sie machten sich auf den Weg Richtung See.

Es war ein wunderschöner Tag. Es fielen noch immer leichte Flocken und alles war weiß. Es schien nicht so auszusehen, als würde es die nächsten Tage anders sein. Das Grün schlief nun für eine Weile unter der Decke aus Schnee.

Bibi lief schon etwas voraus. Max Leine hielt sie fest in der Hand. Es war lustig mitanzuschauen, dass er hier fast unsichtbar zu sein schien. Sein Fell trug immerhin die gleiche Farbe wie der Schnee.

Dann waren sie auch schon da. Zusammen stand die Familie am See und schaute auf die Eisdecke.

Es war nicht viel los. Ganz hinten, in der Ferne sahen sie eine junge Frau, die ihre Runden drehte. Schließlich war heute der erste Weihnachtstag und die meisten Familien waren zu Hause.

Bibi schaute ihr eine Weile zu. Sie hatte es auch einmal versucht. Ein paar Mal sogar. Sie war aber immer wieder hingefallen und hatte dann den Mut verloren. Vielleicht würde sie es nochmal wagen. Irgendwann, aber nicht heute.

Die Sonne schien auf das Eis herab, und brachte es zum Glitzern. Es war ein toller Anblick. Für Bibi sah es fast so aus, als würde sie vor einem Meer aus Diamanten stehen. Ob Max das auch sehen konnte?

Sie ging in die Knie und streichelte dem weißen Hund über das dichte Fell.

„Siehst du das auch?"

Sie zeigte auf den See und Max folgte ihrem Blick. Doch er schien sich nur für den

Vogel zu interessieren, der gerade einen Tanz auf dem Eis versuchte.

Bibi lachte. Nein, spielen mit dem Vogel gab es jetzt nicht. Auch wenn Max noch so sehr betteln würde.

Vorsichtig ließ sie sich auf den Schnee sinken und spürte leicht die Kälte. Aber Bibi störte das nicht. Max setzte sich sofort neben sie und kuschelte sich noch an sie.

Das Mädchen schloss die Augen. Für sie gab es in diesem Augenblick nichts Schöneres. Sie hörte, wie ihr Bruder in der Nähe durch den Schnee stapfte und laut dazu lachte. Mama und Papa standen noch immer am Rand des Sees und schauten auf das Eis. Vielleicht würden sie sogar überlegen, einen Versuch zu wagen? Mama war früher sehr viel Schlittschuh gefahren. Zumindest hatte sie das erzählt.

Die junge Frau, die als einzige auf dem Eis war, verließ es nun auch wieder. Am Rand zog sie ihre Schlittschuhe aus und lächelte Bibi entgegen. Sie winkte zurück. Kurz fragte das Mädchen sich, was die junge Frau jetzt tun würde?

Doch dann holte Max sie aus ihren Gedanken. Ein zweiter Vogel war auf dem Eis und tanzte nun mit seinem anderen gefiederten Freund. Nun wurde Max noch ungeduldiger.

„Nein, du bleibst hier."

Genau in diesem Moment rief Mama nach ihr.

„Kommt ihr beiden, wir gehen langsam nach Hause. Es wird Zeit."

Mit einem Lächeln stand Bibi auf. Max folgte ihr und hechelte aufgeregt vor sich hin.

Manchmal brauchte es gar nicht viel, um wirklich glücklich zu sein. Sie liebte den Schnee, sie liebte den See und das Glitzern, das sie jedes Mal mit nach Hause nahm.

Weihnachten war eine tolle Zeit. Für Bibi war es sogar die schönste des ganzen Jahres. Es lag immer wieder eine Magie und ein Zauber in der Luft, die sie nicht beschreiben konnte. Einfach schön!

Dein BONUS:

Putzige Weihnachtsbilder zum Ausdrucken und Anmalen

Die süßen Bilder findest du unter diesem Link:

https://tlp.de/4tewj

Oder ganz einfach mit diesem QR-Code:

Viel Spaß!

Impressum

© Elisa Mainfeldt

2023

1. Auflage

Covergestaltung und Satz: Wolkenart, Marie-Katharina Becker, www.wolkenart.com

Kontakt: Distergold Media

Dubliner Str.1

60327 Frankfurt

Printed in Poland
by Amazon Fulfillment
Poland Sp. z o.o., Wrocław

29340805R00067